Klara Wimmer

German Simple Sentences 1
German – English

Level 1 – Beginners: A1
Textbook

Deutsch: Einfache Sätze 1
Deutsch – Englisch

German Reader

VORWORT – INTRODUCTION

Das Buch «German Simple Sentences 1 – Deutsch: Einfache Sätze 1» bietet vorgefertigte Sätze zum Lernen. Sie sind nach den Themen gruppiert, die Deutschlernende auf dem Niveau A1 – Beginner in Anspruch nehmen. Die einfachen Sätze erleichtern die Verwendung des Deutschen in der Praxis und sind von großer Hilfe beim Sprachgebrauch.

The book „German Simple Sentences 1 – Deutsch: Einfache Sätze 1" offers ready-made sentences for learning. They are grouped according to the topics that German learners at level A1 – Beginner need. The simple sentences facilitate the use of German in practice and are of great help in the use of the German language.

https://www.german-reader.com

INHALT – CONTENT

I. HALLO – HELLO

1. Das Kennenlernen I – Getting to know each other I

Guten Tag!	Good afternoon!
Wie geht es dir?	How are you?
Gut, danke. Und dir?	I am well, thank you. And you?
Mir geht es auch gut.	I am also very well .
Wie geht es deinem Mann?	How is your husband?
Danke, ihm geht es gut.	Thank you, he is also well.
Wie geht es deiner Frau?	How is your wife?
Woher kommst du?	Where do you come from?
Ich komme aus Berlin. Und du?	I am from Berlin. And you?
Ich komme aus Wien.	I am from Vienna.
Woher kommt deine Freundin?	Where does your girlfriend come from?
Sie kommt aus Bern.	She is from Bern.
Woher kommt dein Freund?	Where does your friend come from?
Er kommt aus der Schweiz.	He is from Switzerland.
Woher aus der Schweiz?	Where from in Switzerland?
Aus Bern.	From Bern.

2. Das Kennenlernen II – Getting to know each other II

Guten morgen!	Good morning!
Wie sagt man: „excellent"?	How do you say: „excellent"?
Man sagt: „ausgezeichnet".	You say: „ausgezeichnet".
Was bedeutet „schlecht"?	What does it mean: „schlecht "?
„Schlecht" bedeutet „bad".	„Schlecht" means „bad".
Geht es dir schlecht?	Are you feeling bad?
Nein, mir geht es heute ausgezeichnet.	No, I'm fine today.
Was bist du von Beruf?	What do you do for a living?
Interessant.	Interesting.
Ich bin Angestellter von Beruf.	I'm an employee by profession.
Was sind deine Eltern von Beruf?	What do your parents do for a living?
Meine Mutter ist Pensionistin.	My mother is retired.
Mein Vater ist in Pension.	My father is retired.

3. Wie heißt du? – What´s your name?

Guten Abend!	Good evening!

Wie heißt dein Bruder?	What´s your brother´s name?
Mein Bruder heißt Thomas.	My brother´s name is Thomas.
Wie heißt deine Schwester?	What´s your sisters name?
Meine Schwester heißt Doris.	My sister´s name is Doris.
Ich verstehe nicht.	I don´t understand.
Kannst du langsam sprechen?	Can you talk slowly?
Ich weiß es nicht.	I don´t know.
Es geht.	It´s okay. It´s all right.
Wir sehen uns!	See you!
Auf Wiedersehen!	Goodbye!
Bis morgen!	See you tomorrow!

II. IN DER STADT – IN THE CITY

1. In der Stadt – In the city

Entschuldigen Sie, können Sie mir helfen?	Excuse me, can you help me?
Bitte, wo ist hier der Parkplatz?	Please, where´s a car park/ parking lot here?
Ich verstehe.	I see.
Entschuldigen Sie, wo ist hier die Apotheke?	Excuse me, where´s the chemist´s/ drug store here?
Da, in der Nähe.	There, nearby.
Entschuldigen Sie, wo ist hier das Spital?	Excuse me, where´s the hospital here?
Gleich hier.	Right there.
Entschuldigen Sie, wo ist hier die Taxi Station?	Excuse me, where´s the taxi station here?
Weit weg.	Far away.
Entschuldigen Sie, wo ist hier das Volkstheater?	Excuse me, where is the Volkstheater?
Ums Eck.	Around the corner.
Entschuldigen Sie, wo ist hier die Straßenbahnstation?	Excuse me, where´s the tram station here?

Dort.	There.
Entschuldigen Sie, wo ist hier die Post?	Excuse me, where's the post office here?
Gehen Sie nur gerade aus.	Just go straight ahead.
Entschuldigen Sie, wo ist hier die Polizeistation?	Excuse me, where's the police station here?
Gehen Sie links, dann rechts.	Turn left, then right.
Wir suchen das Kino „Central".	We're looking for the Central Cinema.
Gehen Sie rechts, dann links, dann rechts.	Go right, then left, then right.
Wo ist hier der Lift?	Where's the elevator here?
Gehen Sie immer rechts.	Always turn right.
Wo ist hier der Gemüsemarkt?	Where's the vegetable market?
Sehen Sie die Straße dort? Ja, dort ist er.	You see that street there? Yes, that's where it is.
Wo ist hier ein Bankomat?	Where's a cash machine here?
Dort drüben.	Over there.
Wo ist hier der Ausgang?	Where's the exit here?
Links.	Left.
Wo ist hier die Buchhandlung?	Where's the bookstore here?

Rechts.	Right.
Danke vielmals.	Thank you very much.
Gern geschehen.	You´re welcome.
Auf Wiedersehen!	Goodbye!

2. Im Café – In the café

Guten Tag!	Good afternoon! Good day!
Verzeihen Sie, können wir bestellen?	Excuse me, can we order?
Ich möchte einen Kaffee und Leitungswasser dazu.	I'd like a coffee and some tap water.
Bitte, mit Milch.	Please, with milk.
Bitte, ohne Milch.	Please, without milk.
Ich möchte einen doppelten Kaffee.	I'd like a double coffee.
Wir möchten 2 Kaffees.	We'd like two coffees.
Ich möchte nur einen Espresso.	I just want an espresso.
Welche Tee Sorten haben Sie?	What types of tea do you have?
Bitte, ohne Zitrone.	Please, without lemon.
Ich möchte nur Wasser.	All I want is water.
Ich möchte einen halben Liter Wasser.	I want half a litre of water.
Haben Sie stilles Wasser?	Do you have still water?
Ja, bitte.	Yes, please.
Bitte, mit Eiswürfeln.	Please, with ice cubes.
Bitte, ohne Eiswürfeln.	Please, without ice cubes.
Ich möchte ein Bier.	I would like a beer.

Welche Bier Sorten haben Sie?	What kind of beer do you have?
Ich möchte ein Flaschenbier.	I want a bottled beer.
Ich möchte Bier vom Fass.	I want draught beer.
Ist das Bier kalt?	Is the beer cold?
Ich möchte einen Schnaps.	I'd like a schnapps.
Welchen Schnaps empfehlen Sie mir?	Which kind of schnapps do you recommend to me?
Ich will eine einheimische Schnapssorte kosten.	I want to taste a local type of schnapps.
Ich möchte ein Glas Wein.	I would like a glass of wine.
Haben Sie Rotwein?	Do you have red wine?
Haben Sie Weißwein?	Do you have white wine?
Haben Sie einen guten einheimischen Wein?	Do you have a good local wine?
Wer stellt der Wein her?	Who produces the wine?
Entschuldigen Sie, wo ist hier das WC?	Excuse me, where is the toilet?
Haben Sie hier auch WLAN?	Do you have WLAN here?
Wie lautet das Passwort für das WLAN?	What is the password for the WLAN?
Das ist alles, danke.	That's all, thank you.
Wir möchten zahlen.	We want to pay.

| Das ist das Trinkgeld für Sie. | This is the tip for you. |
| Auf Wiedersehen! | Goodbye! |

3. Im Restaurant – In the restaurant

Bitte, wo ist unser Tisch?	Please, where's our table?
Wo ist mein Sitzplatz?	Where is my seat?
Können wir die Speisekarte bekommen?	Can we get the menu?
Was können Sie uns empfehlen?	What can you recommend?
Haben Sie eine Weinkarte?	Do you have a wine list?
Gibt es heute das Tagesmenü?	Is there the daily menu today?
Wollen wir eine Vorspeise bestellen?	Shall we order a starter?
Wir nehmen eine kalte Vorspeise.	We take a cold starter.
Ich nehme eine warme Vorspeise.	I'll have a warm starter.
Wir sind sehr hungrig.	We're very hungry.
Wir sind nicht sehr hungrig.	We are not very hungry.
Was wollen wir als Hauptspeise nehmen?	What do we order as our main course?

Ich esse kein Fleisch.	I don't eat meat.
Wir wollen etwas Leichtes.	We want something light to eat.
Können Sie uns diese Speise auf zwei Teller teilen?	Can you divide this food into two plates?
In der Speisekarte steht: „Tagessuppe". Was ist das?	The menu says, „Soup of the day." What is it?
Was ist bei dieser Speise die Beilage?	What is the side dish of this dish?
Kann ich diese Speise ohne Beilage bekommen?	Can I get this dish without a side dish?
Ist das süß oder salzig?	Is it sweet or salty?
Ich kenne diese Speise nicht.	I don't know this dish.
Sagen Sie mir – wie ist diese Speise?	Tell me - how is this food?
Haben Sie eine typische deutsche Speise?	Do you have a typical German dish?
Wieso nicht?	Why not?
Doch nicht.	However, no. But no.
Dann probieren wir diese Speise.	Then we'll try this dish.
Wir wollen auch ein Dessert.	We also want a dessert.
Ist das eine deutsche Spezialität?	Is that a German speciality?

Wir wollen zwei Gläser Wein.	We want two glasses of wine.
Auch, bitte, einen halben Liter stilles Wasser.	Please, also half a litre of still water.
Bitte nur Leitungswasser.	Please only tap water.
Wir trinken Kaffee danach.	We drink coffee afterwards.
Ich bitte Sie um einen neuen Löffel.	Can I get a new spoon?
Kann ich eine neue Gabel bekommen?	Can I get a new fork?
Haben Sie einen Aschenbecher?	Do you have an ashtray?
Kann ich noch eine Serviette bekommen?	Can I get a napkin?
Ja, es schmeckt gut.	Yes, it tastes good.
Ja, wir sind sehr zufrieden.	Yes, we are very satisfied.
Nein, wir sind nicht zufrieden.	No, we aren´t satisfied.
Leider.	Unfortunately.
Bitte, können wir zahlen?	Please, can we pay?
Rechnung, bitte.	Bill, please.
Vielen Dank.	Thank you very much.

4. Auf dem Gemüsemarkt – At the vegetable market

Bitte, wie viel kostet das?	Please, how much is this?
Das ist sehr billig.	It's very cheap.
Das ist sehr teuer.	It's very expensive.
Woher kommt das Obst?	Where does the fruit come from?
Woher kommt das Gemüse?	Where do the vegetables come from?
Ist das Obst frisch?	Is the fruit fresh?
Ist das Gemüse frisch?	Is the vegetable fresh?
Ich will ein Kilogramm.	I want one kilogram.
Ich will ein halbes Kilogramm.	I want half a kilogram.
Ich will zwei Kilogramm.	I want two kilos.
Ich will nur eine Packung Obst.	I just want a pack of fruit.
Kann ich das Obst auswählen?	Can I choose the fruit?
Können Sie mir nur das Stück einpacken?	Can you just pack me only this piece?
Das ist zu viel.	That's too much.
Das ist zu wenig.	That's too little.
Dieser Apfel ist verdorben.	This apple is rotten.

Nein, vielen Dank.	No, thank you very much.
Das Obst ist für einen Kuchen.	The fruit is for a cake.
Das Gemüse ist für eine Suppe.	The vegetables are for soup.
Bitte, nur große Stücke.	Please, just big pieces.
Bitte, nur kleine Stücke.	Please, only small pieces.
Kann ich nur die Hälfte bekommen?	Can I only get half?
Ich habe kein Sackerl/keine Tüte.	I don't have a bag.
Ich habe kein Kleingeld.	I have no change.

III. JOB UND FREIZEIT - JOB AND LEISURE

1. Mein Job – My job

Wo arbeitest du?	Where do you work?
Was bist du von Beruf?	What do you do for a living?
Wie ist dein Job?	What is your job like?
Mein Job ist interessant und angenehm.	My job is interesting and pleasant.
Mein Job ist anstrengend und schwierig.	My job is exhausting and difficult.
Mein Job ist leicht und einfach.	My job is easy and simple.
Hast du einen Chef?	Do you have a boss?
Mein Chef ist sehr angenehm.	My boss is very pleasant.
Ich habe keinen Chef, ich bin selbstständig.	I don't have a boss, I am self-employed.
Meine Mitarbeiter in der Arbeit sind sympathisch.	My employees at work are likeable.
Ich arbeite von 9 (neun) bis 5 (fünf).	I work from 9 to 5.
Ich mache manchmal Überstunden.	I work overtime sometimes.
Wie kommst du in die Arbeit?	How do you get to work?

Ich gehe zu Fuß, weil sich mein Büro in der Nähe befindet.	I walk because my office is nearby.
Ich will meinen Job nicht wechseln.	I don't want to change my job.
Ich mag meinen Job, weil er kurzweilig ist.	I like my job because it's amusing.
Warst du gestern im Krankenstand, Thomas?	Were you sick yesterday, Thomas?
Ja, gestern war ich im Krankenstand.	Yes, yesterday I was sick.
Heute soll ich mit der Arbeit fertig sein.	Today I should be finished with my work.
Ich habe viel zu tun.	I have a lot to do.
Ich habe wenig zu tun.	I have little to do.

2. Freizeit – Leisure

Was machst du in der Freizeit?	What do you do in your leisure?
Hast du viel Freizeit?	Do you have a lot of free time?
Hast du ein Hobby?	Do you have a hobby?
Was für ein Hobby hast du?	What kind of hobby do you have?
Magst du Fußball?	Do you like football?

Spielst du Basketball?	Do you play basketball?
Mein Hobby ist Kochen.	My hobby is cooking.
Meine Hobbys sind Bücher und Lesen.	My hobbies are books and reading.
Mein Hobby ist Musizieren.	My hobby is playing music.
Ich spiele Klavier und Gitarre.	I play piano and guitar.
Ich mag lange Spaziergänge.	I like long walks.
Ich mag Natur.	I like nature.
Mein Hobby ist Bergsteigen.	My hobby is mountain climbing.
Mein Hobby ist Filme schauen.	My hobby is watching movies.
Wie oft befasst du dich mit deinem Hobby?	How often do you deal with your hobby?
Jeden Tag.	Every day.
Jedes Wochenende.	Every weekend.
Nicht oft, nur manchmal.	Not often, just sometimes.
Hast du Zeit dafür?	Do you have time for this?
Nicht immer.	Not always.
Für ein Hobby habe ich immer Zeit.	I always have time for a hobby.
Gehst du gerne ins Kino?	Do you like going in the cinema?
Magst du die Oper?	Do you like the opera?

Wenn ich Zeit habe, bleibe ich zu Hause.	When I have time, I stay at home.
Ich sehe gerne fern.	I like watching TV.
Ich male und zeichne gern.	I like painting and drawing.
Meine Hobbys sind Joga und Qi Gong.	My hobbies are yoga and Qi Gong.
Mein Hobby ist Schifahren.	My hobby is skiing.
Mein Hobby ist Eishockey.	My hobby is ice hockey.
Mein Hobby ist Schwimmen.	My hobby is swimming.
Ich gehe jedes Wochenende ins Schwimmbad.	I go swimming every weekend.
Mein Hobby ist Reisen.	My hobby is travelling.
Ich besuche gern Städte.	I like visiting cities.
Ich besuche gerne ferne Länder.	I like visiting distant countries.
Ich betreibe Sport.	I do sports.
Welche Sportart betreibst du?	What kind of sports do you do?
Ich betreibe Volleyball.	I do volleyball.
Ich spiele Tischtennis.	I do table tennis.
Ich habe kein Hobby.	I have no hobby.

IV. BESCHREIBUNG – DESCRIPTION

1. Wie schmecken die Speisen? – How do the dishes taste?

Wie ist das Frühstück?	How's breakfast?
Das Frühstück ist sehr geschmackvoll.	The breakfast is very tasty.
Ist das Brot frisch?	Is the bread fresh?
Ja, das Brot ist frisch.	Yes, the bread is fresh.
Ist der Tee warm?	Is the tea warm?
Nein, der Tee ist kalt.	No, the tea is cold.
Der Salat ist überhaupt nicht gesalzen.	The salad is not salted at all.
Die Suppe ist fad.	The soup is tasteless.
Das Schnitzel ist nicht durchgebraten.	The schnitzel is not fried enough.
Dieser Kuchen ist süß genug.	This cake is sweet enough.
Die Hauptspeise ist nicht billig.	The main course is not cheap.
Die Soße ist leider sauer.	The sauce is sour, I´m afraid.
Das Hühnerfleisch ist zu würzig.	The chicken meat is too spicy.
Das Fleisch ist ausgezeichnet gebraten.	The meat is excellently fried.

Dieses Schweinefleisch ist nicht gut.	This pork is not good.
Fisch ist eine leichte Mahlzeit.	Fish is a light meal.
Gurke ist bitter.	Cucumber is bitter.
Tomaten sind sauer.	Tomatoes are sour.
Wie ist das Abendessen?	How's dinner?
Ich möchte etwas Warmes.	I want something warm.
Ich möchte eine kräftige Suppe.	I want a hearty soup.
Ich möchte einen frischen Salat und ein bisschen hausgemachten Käse.	I want a fresh salad and some homemade cheese.
Wir wollen nur einen frischen Salat.	We want only a fresh salad.
Die Eiscreme ist warm.	The ice cream is warm.
Ihre Desserts sehen sehr gut aus.	Your desserts look very good.

2. Personenbeschreibung – Personal description

Wie sieht deine Freundin aus?	What does your girlfriend look like?
Sie ist klein und hat braune Haare.	She is small and has brown hair.

Wie sieht dein Freund aus?	What does your boyfriend look like?
Er ist groß und hat blonde Haare.	He is tall and has blonde hair.
Was trägt er?	What does he wear?
Er trägt Hose und Hemd.	He wears trousers and a shirt.
Sie trägt immer Röcke und Blusen.	She always wears skirts and blouses.
Wie ist sein Charakter?	What is his character like?
Er ist symphatisch und lieb.	He's likeable and kind.
Sie ist modern und interessant.	She is modern and interesting.
Er ist sehr laut.	He is very loud.
Sie ist fröhlich.	She is cheerful.
Mein Freund ist jetzt verärgert.	My boyfriend is now very angry.
Warum ist dein Freund verärgert?	Why is your boyfriend angry?
Seine Jacke ist schmutzig.	His jacket is dirty.
Meine Freundin ist traurig.	My girlfriend is sad.
Warum ist deine Freundin traurig?	Why is your girlfriend sad?
Ihr Rock ist schmutzig.	Her skirt is dirty.
Wie ist dein Hund?	What's your dog like?

Er ist klein, jung und schnell.	He's small, young and fast.
Wie ist deine Katze?	What's your cat like?
Sie ist dick und langsam.	She's fat and slow.
Wie schaut ihre Tasche aus?	What´s your bag like?
Sie ist groß und teuer.	It's big and expensive.
Ihr geht es schlecht, weil sie Durst hat.	She's not well, she's thirsty.
Wie ist sein Hemd?	What's his shirt like?
Wie ist ihr Rock?	What's her skirt like?
Wie ist sein Mantel?	What's his coat like?
Meine Haut ist sonnengebräunt, nicht wahr?	My skin is tanned, isn't it?
Ihm geht es schlecht, weil er Hunger hat.	He feels bad because he's hungry.

3. Wohnungsbeschreibung – Apartment description

Och, wie groß ist Ihre/eure Wohnung!	Oh, how big is your apartment!
Ist Ihre/eure Wohnung teuer?	Is your apartment expensive?
Die Wohnung ist riesig, aber nicht teuer.	The flat is huge, but not expensive.
Sie haben/Ihr habt Glück mit der Wohnung.	You are lucky with the flat.
Ihre Terrasse ist geräumig.	Your terrace is spacious.
Das Wohnzimmer ist modern und bequem.	The living room is modern and comfortable.
Das Schlafzimmer ist winzig.	The bedroom is tiny.
Hier empfangen Sie/empfangt ihr die Gäste, nicht wahr?	This is where you receive the guests, isn't it?
Unser Balkon ist klein, aber schön.	Our balcony is small but nice.
Haben Sie/Habt ihr auch ein Esszimmer?	Do you have a dining room?
Nein, leider haben wir kein Esszimmer.	No, unfortunately, we haven´t a dining room.
Wie ist Ihr/euer Badezimmer?	How´s your bathroom like?
Unser Badezimmer ist einfach und praktisch.	Our bathroom is simple and practical.

Ihr WC ist klein, aber sauber und schön.	Your WC is small, but clean and beautiful.
Ist Ihre/eure Wohnung warm?	Is your apartment warm?
O ja, die Wohnung ist sehr warm.	Oh yes, the apartment is very warm.
Haben Sie/Habt ihr einen Abstellraum?	Do you have a storage room?
Nein, leider haben wir keinen Abstellraum?	No, unfortunately, we haven´t a storage room?
Wie ist das Gebäude?	How's the building like?
Das Gebäude ist alt, aber schön.	The building's old, but it's nice.
Wie ist der Lift im Gebäude?	How's the lift in the building like?
Der Lift ist in Betrieb.	The lift is in use.
Wir haben keinen Lift im Gebäude.	There is no lift in the building.
Wie ist die Straße?	How's the street like?
Die Straße ist lang und laut.	The street is long and loud.

4. Wetterprognose – Weather forecast

| Wie ist das Wetter heute? | How is the weather today? |
| Heute ist es sonnig. | Today it is sunny. |

Heute ist es überwiegend sonnig.	Today it is mostly sunny.
Heute ist es wolkig mit Regen.	Today it is cloudy with rain.
Heute haben wir Nebel.	Today we have fog.
Brauchen wir heute Regenschirme?	Will we need umbrellas today?
Heute soll es regnen.	Today it's supposed to rain.
Brauchen wir heute Jacken?	Do we need jackets today?
Nein, heute haben wir Sonne.	No, we have sun today.
Es regnet.	It's raining.
Es schneit.	It's snowing.
Es ist kalt.	It's cold.
Es ist warm.	It's warm.
Es ist heiß.	It's hot.
Es ist schwül.	It's humid.
Es ist frisch.	It's fresh.
Heute ist der Himmel blau.	Today the sky is blue.
Heute ist der Himmel bewölkt.	Today it's cloudy.

V. ALLTAG – DAILY LIFE

1. Alltag – Daily life

Wann wachst du auf?	When do you wake up?
Ich wache jeden Tag gegen sieben auf.	I wake up around 7 every day.
Was frühstückst du?	What do you eat for breakfast?
Ich esse gern ein leichtes Frühstück.	I like a light breakfast.
Ich frühstücke nicht.	I don't eat for breakfast.
Ich esse in der Früh gern viel.	I like to eat a lot in the morning.
Was machst du am Vormittag?	What do you do in the morning?
Am Vormittag arbeite ich.	I work in the morning.
Am Vormittag bin ich in der Arbeit.	In the morning I'm at work.
Wann isst du zu Mittag?	When do you eat lunch?
Ich esse gewöhnlich gegen zwölf zu Mittag.	I usually eat lunch around noon.
Was isst du normalerweise zu Mittag?	What do you usually eat for lunch?
Ich esse in der Kantine.	I eat in the canteen.
Ich esse zu Hause.	I eat at home.

Ich koche jeden Tag zu Hause.	I cook at home every day.
Ich esse nicht zu Mittag, weil ich spät frühstücke.	I don't eat lunch because I have breakfast late.
Was machst du am Nachmittag?	What are you doing in the afternoon?
Am Nachmittag bin ich in der Arbeit.	In the afternoon, I'm at work.
Am Nachmittag bin ich zu Haus` mit den Kindern.	In the afternoon I'm at home with the kids.
Am Nachmittag ruhe ich mich aus.	In the afternoon I rest.
Ruhst du dich lange aus?	Do you rest long?
Ich ruhe mich kurz aus.	I rest a little.
Ich ruhe mich nicht aus, weil ich keine Zeit habe.	I don't rest because I don't have time.
Was machst du am Abend?	What are you doing in the evening?
Am Abend sehe ich fern.	In the evening I watch TV.
Am Abend lese ich Zeitung.	In the evening I read the paper.
Am Abend lese ich Bücher.	In the evening I read books.
Am Abend bügle ich die Wäsche.	In the evening I iron the laundry.
Am Abend räume ich die Wohnung auf.	In the evening I tidy up the flat.

Am Abend bin ich mit den Kindern.	In the evening I'm with the children.
Wann gehst du schlafen?	When do you go to bed?
Ich gehe gewöhnlich spät schlafen.	I usually go to bed late.
Für gewöhnlich gehe ich früh schlafen.	I usually go to bed early.

2. Am Abend – In the evening

Wohin gehen wir heute Abend?	Where are we going tonight?
Heute Abend gehen wir zum Abendessen.	Tonight we're going to dinner.
Wohin gehen wir am Samstag?	Where are we going on Saturday?
Am Samstag gehen wir aus.	We're going out on Saturday.
Wir gehen auswärts abendessen.	We're going out to dinner.
Wohin gehen wir nachher?	Where are we going after?
Nachher gehen wir ins Kino.	We're going to the cinema later.
Was feiern wir am Samstag?	What are we celebrating on Saturday?
Am Samstag feiern wir meinen Geburtstag.	Saturday we're celebrating my birthday.

Wann sehen wir uns?	When will we see each other?
Wir sehen uns um halb acht.	We see us at 7:30.
Wohin gehst du morgen?	Where are you going tomorrow?
Morgen gehe ich ins Thater.	Tomorrow I'm going to the theatre.
Wohin gehst du morgen Abend?	Where are you going tomorrow night?
Morgen Abend gehe ich nirgends hin.	I'm not going anywhere tomorrow night.
Wohin gehst du übermorgen?	Where are you going the day after tomorrow?
Übermorgen habe ich eine Verabredung mit Thomas.	The day after tomorrow, I have a date with Thomas.
Wir sehen uns gegen 5.	I'll see you around 5.
Bis wann bleiben wir im Club?	What time do we stay at the club?
Bis Mitternacht.	Until midnight.
Was willst du morgen Abend machen?	What do you want to do tomorrow night?
Morgen Abend will ich fernsehen.	Tomorrow night I want to watch TV.
Wohin willst du am Freitagabend gehen?	Where do you wanna go on Friday night?

Am Freitagabend will ich in die Ausstellung.	On Friday night I want to go to the exhibition.
Wohin gehen wir am Sonntagabend?	Where are we going on Sunday night?
Am Sonntagabend gehen wir in die Oper.	On Sunday night we're going to the opera.

3. Wir gehen ins Konzert – We're going to a concert

Ich habe Eintritskarten fürs Konzert.	I have tickets to the concert.
Ausgezeichnet!	Excellent!
Wann findet das Konzert statt?	When is the concert?
Das Konzert findet am Samstag statt.	The concert's on Saturday.
Um wie viel Uhr beginnt das Konzert?	What time does the concert start?
Das Konzert beginnt um 9 Uhr.	The concert starts at 9 am.
Das ist ein Konzert der klassischen Musik.	This is a classical music concert.
Das ist ein Jazz Konzert.	This is a jazz concert.
Das ist ein Konzert der Volksmusik.	This is a folk music concert.

Das ist ein Konzert der elektronischen Musik.	This is an electronic music concert.
Wo ist das Konzert?	Where does the concert take place?
Wo ist das genau?	Where is it exactly?
Ich habe keine Konzertkarte.	I don't have a concert ticket.
Wie viel kostet die Eintrittskarte?	How much does a ticket cost?
Wann ist die Kasse offen?	When is the box office open?
Wir können anrufen und fragen.	We can call and ask.
Ich werde anrufen und fragen.	I will call and ask.
Wer kommt noch ins Konzert mit?	Who else is coming to the concert?
Wo treffen wir uns?	Where do we meet?
Wie komme ich dorthin?	How do I get there?
Mit der Straßenbahn Nummer sechs.	Tram number 6.
Mit der Straßenbahn Nummer elf, dann mit dem Bus zwei Stationen.	Tram number 11, then take the bus two stops.
Zu Fuß.	On foot.
Wir können uns vor der Konzerthalle treffen.	We can meet in front the concert hall.

| Das ist eine gute Idee. | That's a good idea. |
| Wollen wir nachher was trinken gehen? | Shall we have a drink later? |

4. Wir machen einen Ausflug – We're going on a trip

Am Wochenende machen wir einen Ausflug.	This weekend we're going on a trip.
Wohin gehen Sie/geht ihr zum Ausflug?	Where are you going for the trip?
Willst du auch mit uns mit?	Do you want to go with us too?
Gern.	Sure.
Wie kommen wir dorthin?	How do we get there?
Wir fahren mit dem Auto.	We go by car.
Wir können mit dem Bus fahren.	We can go by bus.
Wir sollten im Internet nachschauen.	We should check the Internet.
Wen laden wir noch ein?	Who else do we invite?
Wir können Thomas einladen.	We can invite Thomas.
Wir können meine Mutter einladen.	We can invite my mother.
Wie viel Zeit brauchen wir für den Rundgang?	How much time do we need for the tour?

Den ganzen Tag.	All day.
So haben wir mehr Zeit.	That way we have more time.
Was bringen wir auf dem Ausflug mit?	What do we take on the trip with?
Wollen wir dort übernachten?	Are we going to spend the night there?
Wollen wir ein Hotel reservieren?	Shall we book a hotel?
Wollen wir in eine Privatunterkunft gehen?	Shall we go to a private accommodation?
Wollen wir länger bleiben?	Shall we stay longer?
Wollen wir ein paar Tage bleiben?	Shall we stay a few days?
Wollen wir ein Apartment buchen?	Shall we book an apartment?
Wie wird das Wetter sein?	What will the weather be like?
Was für Kleidung soll ich mitnehmen?	What kind of clothes should I take with?
Wollen wir einen Reiseführer kaufen?	Should we buy a travel guide?

VI. NEUJAHR – NEW YEAR

1. Jahreswechsel / Neujahr – New Year

Wie wirst du Weihnachten feiern?	How will you celebrate Christmas?
Ich werde die Eltern besuchen.	I'm going to see the parents.
Ich feiere Weihnachten nicht.	I don't celebrate Christmas.
Wie wirst du reisen?	How will you travel?
Ich werde mit dem Flugzeug reisen.	I'm gonna travel by plane.
Wir werden mit dem Auto fahren.	We'll go by car.
Kochst du etwas Besonderes zu Weihnachten?	Are you cooking anything special for Christmas?
Bäckst du Kekse zu Weihnachten?	Do you bake cookies for Christmas?
Magst du Schnee zu Weihnachten?	Do you like snow at Christmas?
Wird es zu Weihnachten schneien?	Is it going to snow for Christmas?
Ich weiß nicht, aber ich hoffe schon.	I don't know, but I hope so.

Mit wem wirst du Weihnachten feiern?	Who are you going to have Christmas with?
Ich werde Weihnachten mit den Eltern feiern.	I'm celebrating Christmas with my parents.
Ich werde Weihnachten mit Freunden feiern.	I'm celebrating Christmas with friends.
Ich werde Weihnachten in der Arbeit feiern.	I'm celebrating Christmas at work.
Haben Sie/Habt ihr eine Weihnachtsfeier?	Do you have a Christmas party?
Werden Sie zu Weihnachten in die Kirche gehen?	Will you go to church for Christmas?
Wie werden Sie/werdet ihr Neujahr feiern?	How will you celebrate New Year?
Ich weiß es noch nicht.	I do not know yet.
Ich werde Neujahr mit Freunden feiern.	I'm celebrating New Year with friends.
Ich muss zum Neujahr arbeiten.	I have to work for the New Year.
Ich werde zum Neujahrskonzert gehen.	I'll go to the New Year's concert.
Ich werde zum Neujahr nach Paris fliegen.	I'll fly to Paris for New Year.
Wir werden tanzen gehen.	We'll go dancing.

Wir werden zum Neujahr ins Restaurant gehen.	We'll go to a restaurant for New Year.
Mit wem?	With whom?
Mit Freunden.	With friends.
Wir werden zum Neujahr ans Meer fahren.	We're going to the seaside for New Year.
Womit?	How?
Mit dem Bus.	By bus.

2. Winterfeiertage – Winter holidays

Wo hast du die Winterfeiertage verbracht, Anna?	Where did you spend the winter holidays, Anna?
Wie war es?	How was it?
Angenehm und interessant.	Pleasant and interesting.
Das Wetter war kalt, aber sonnig.	The weather was cold, but sunny.
Ich bin viel spazieren gegangen.	I walked a lot.
Wo hast du die Winterfeiertage verbracht, Thomas?	Where did you spend the winter holidays, Thomas?
Ich bin Ski gefahren.	I went skiing.
Mit wem bist du Ski gefahren?	Who did you ski with?
Wen hast du kennen gelernt?	Who did you meet?

Ich habe niemanden kennen gelernt. Und du, Anna?	I didn't meet anybody. And you, Anna?
Ich war sieben Tage dort.	I spent 7 days there.
Ich war auch am Meer.	I was also by the sea.
Bist du im Meer geschwommen, Diana?	Did you swim in the sea, Diana?
Nein, es war kalt.	No, it was cold.
Wo hast du logiert, Thomas?	Where did you stay, Thomas?
Ich war in einem Hotel.	I was in a hotel.
Wie war das Essen im Hotel?	How was the food in the hotel?
Das Essen war ausgezeichnet, ich habe drei Kilo zugenommen.	The food was excellent, I've put on three kilos.

VII. GESTERN - YESTERDAY

1. Gestern – Yesterday

Gestern habe ich gegen sechs gefrühstückt, weil ich früher zur Arbeit los musste.	Yesterday I had breakfast around 6 o'clock, because I had to leave early for work.
In der Arbeit habe ich viel zu tun gehabt.	I was very busy at work.
Was hast du in der Arbeit gemacht, Anna?	What did you do at work, Anna?
Wann bist du Mittagessen gegangen?	When did you go to lunch?
Ich habe nicht Mittag gegessen.	I didn't have lunch.
Bist du zu Mittag in die Kantine oder außwärts essen gegangen?	Did you go to lunch in the cafeteria or out to lunch?
Ich habe nur kurz Mittag gegessen.	I just had a quick lunch.
Was hast du nach der Arbeit gemacht?	What did you do after work?
Ich bin einkaufen gegangen.	I went shopping.
Wie lange hast du eingekauft?	How long did you shop?
War jemand beim Abendessen?	Was someone at dinner?

Mein Nachbar ist zum Abendessen gekommen.	My neighbor came over for dinner.
Wann bist du schlafen gegangen?	When did you go to bed?
Alex, warst du gestern auf der Uni?	Alex, were you at school yesterday?
Ich bin zur Vorlesung gegangen.	I went to lecture.
Ich habe gestern den ganzen Tag gelernt.	I studied all day yesterday.
Am Abend bin ich ausgegangen.	In the evening I went out.
Ich bin bis spät aus geblieben.	I stayed out late.

VIII. GEBURTSTAGSPARTY – BIRTHDAY PARTY

1. Ich lade zu meinem Geburtstag ein – I invite you to my birthday party

Ich feiere Geburtstag am Samstag.	My birthday's on Saturday.
Wen willst du einladen?	Who do you want to invite?
Ich lade die ganze Familie und meine Freunde ein.	I'm inviting the whole family and my friends.
Wirst du eine Geburtstagstorte haben?	Are you going to have a birthday cake?
Ja, ich habe immer eine Torte zum Geburtstag.	Yes, I always have a cake for my birthday.
Welchen Geburstag feierst du?	What birthday do you celebrate?
Ich feiere meinen 23. (dreiundzwanzigsten) Geburtstag.	I'm celebrating my 23rd birthday.
Wer kommt noch?	Who else is coming?
Meine Nachbarn kommen.	My neighbours are coming.
Ich habe niemals Geburtstag in Wien gefeiert.	I never celebrated my birthday in Vienna.
Ich habe Geburtstag immer zu Hause gefeiert.	I always celebrated my birthday at home.

Es wird lustig sein.	It will be fun.
Meine Schwester feiert nicht gerne Geburtstag.	My sister doesn't like to celebrate birthdays.
Sie geht nirgendwohin zum Geburtstag.	She doesn't go anywhere for birthdays.
Brauchst du Hilfe?	Do you need help?
Was für ein Geschenk wünschst du dir?	What kind of present would you like?
Ich habe keine Idee, du wählst das Geschenk.	I have no idea, you choose the gift.
Ich warte auf Sie/euch am Samstag!	I'll wait for you on Saturday.
Kannst du dein Kommen bestätigen?	Can you confirm your coming?
Ich weiß nicht genau, wo du wohnst.	I don't know exactly where you live.
Ich schicke dir eine Mail.	I will send you an email.

2. Meine Familie – My family

Meine Mutter heißt Ana und mein Vater heißt Helmut.	My mother's name is Ana and my father is called Helmut.
Wo wohnen Sie/wohnt ihr?	Where do you live?
Wir wohnen in Berlin.	We live in Berlin.

Wo ist deine Mutter geboren?	Where was your mother born?
Wo ist dein Vater geboren?	Where was your father born?
Hast du einen Bruder?	Do you have a brother?
Hast du eine Schwester?	Do you have a sister?
Wie alt ist dein Bruder?	How old is your brother?
Wie alt ist deine Schwester?	How old is your sister?
Wo sind deine Eltern geboren?	Where were your parents born?
Haben Sie/Habt ihr einen Sohn oder eine Tochter?	Do you have a son or daughter?
Ist Ihr/euer Sohn verheiratet?	Is your son married?
Ist Ihre/eure Tochter verheiratet?	Is your daughter married?
Meine Mutter ist Witwe.	My mother is a widow.
Mein Vater ist Witwer.	My father is a widower.
Meine Schwester ist noch ein Mädchen.	My sister is still a girl.
Mein Bruder ist noch ein Bub.	My brother is still a boy.
Meine Brüder gehen ins Gymnasium.	My brothers go to high school.
Meine Schwestern gehen in die Schule.	My sisters go to school.
Wo haben Sie/habt ihr früher gelebt?	Where did you used to live?

Hast du Kinder?	Do you have children?
Ich habe keine Kinder.	I have no children.

3. Meine Verwandtschaft – My relatives

Ich habe zwei Tanten.	I have two aunts.
Mein Onkel und meine Tante (väterlicherseits) leben in Berlin.	My uncle and aunt (on my father's side) live in Berlin.
Meine Onkel sind in Pension.	My uncles are retired.
Meine Tante ist Witwe.	My aunt is a widow.
Ich habe zwei Cousinen und zwei Cousins.	I have two female cousins and two male cousins.
Ich habe keinen Onkel (mütterlicherseits).	I have no uncle (on my mother's side).
Ich habe zwei Onkel.	I have two uncles.
Meine Tante heißt Martina.	My aunt is called Martina.
Ich habe einen Opa.	I have a grandpa.
Meine Oma liebt ihre Enkel sehr.	My grandma loves her grandchildren very much.
Meine Oma hatte zwei Kinder.	My grandma had two children.
Meine Oma hatte drei Kinder.	My grandma had three children.

| Ihre Nichte ist nicht verheiratet. | Your/Their niece is not married. |
| Ihr Neffe ist nicht verheiratet. | Your/Their nephew is not married. |

IX. SOMMER – SUMMER

1. Sommerpläne – Summer plans

Wohin gehst du auf Urlaub?	Where are you going on holiday?
Ich gehe nach Spanien auf Urlaub.	I'm going to Spain on vacation.
Wo warst du letztes Jahr auf Urlaub?	Where were you on holiday last year?
Ich war in Griechenland.	I was in Greece.
Mit wem warst du dort?	Who were you there with?
Ich war dort mit der Familie.	I was there with the family.
Ich war in Frankreich.	I was in France.
Was habt ihr dort gemacht?	What did you do there?
Wir haben ein Hotel gebucht.	We have booked a hotel.
Ich habe keinen Urlaub gehabt.	I didn't have a holiday.
Ich habe einen kurzen Urlaub gehabt.	I had a short vacation.
Ich war dort eine Woche lang.	I was there for a week.
Das Klima ist sehr mild.	The climate is very mild.
Wollen wir ein Apartment buchen?	Shall we book an apartment?

Nein, wir buchen eine Privatunterkunft.	No, we book a private accommodation.
Wer besorgt die Lebensmittel?	Who gets the food?
Wie viel kostet ein Apartment?	How much does an apartment cost?
Es kostet 50 (fünfzig) Euro pro Tag.	It costs 50 Euro per day.
Ist der Strand weit weg?	Is the beach far away?
Das Apartment befindet sich im Stadtzentrum.	The apartment is located in the town centre.
Das Apartment befindet sich im Vorort.	The apartment is located in the suburb.
Wie ist die Fährverbindung?	How is the ferry connection?
Es steht nichts darüber.	It doesn't say.
Wir sollen im Internet nachschauen.	We should look it up on the Internet.
Wir können später entscheiden.	We can decide later.

2. In der Wechselstube – In the exchange office

Ich möchte Dollar in Euro wechseln.	I would like to change dollars into euros.
Ist der Kurs stabil?	Is the exchange rate stable?

Wie hoch ist die Provision?	How much is the commission?
Kann ich Pfund in Euro wechseln?	Can I change pounds into euros?
Bis wann haben Sie offen?	When are you open until?
Haben Sie auch sonntags offen?	Are you also open on Sundays?
Kann ich nur Geldscheine bekommen?	Can I only get banknotes?
Kann ich einen Teil vom Geld in Münzen bekommen?	Can I get some of the money in coins?

3. Am Postamt – At the post office

Ich brauche Briefmarken für Ansichtskarten.	I need stamps for postcards.
Wie viel kostet eine Briefmarke?	How much does a stamp cost?
Ich schicke das Paket ins Ausland.	I send the package abroad.
Ich möchte den Brief eingeschrieben schicken.	I would like to send the letter by registered mail.
Nein, ich möchte den Brief als Standard Sendung schicken.	No, I would like to send the letter as standard mail.
Wie hoch ist die Postgebühr für dieses Paket?	How much is the postage for this parcel?

Kann ich mit der Kreditkarte zahlen?	Can I pay by credit card?
Nein, ich habe kein Bargeld.	No, I have no cash.
Ich würde lieber mit Bargeld zahlen.	I would rather pay with cash.
Moment.	Just a moment.
Wo soll ich unterschreiben?	Where should I sign?

X. VERLORENE SACHEN – LOST THINGS

1. Verlorene Dokumente – Lost documents

Ich habe meinen Geldbeutel samt Dokumente verloren.	I lost my wallet and documents.
Welche Dokumente genau hast du verloren?	Which documents exactly did you lose?
Den Reisepass und die Kreditkarte.	My passport and credit card.
Vielleicht habe ich die Dokumente in der Bank verloren.	Maybe I lost the documents in the bank.
Du sollst den Verlust von Dokumenten anzeigen.	You should report the loss of documents.
Du sollst zur Polizei gehen.	You should go to the police.
Du sollst zur Bank gehen.	You should go to the bank.
Vielleicht habe ich den Geldbeutel in der Apotheke verloren.	Maybe I lost the wallet at the pharmacy.
Ich habe den Geldbeutel in der Hand gehalten.	I was holding the wallet in my hand.
Ich habe mit der Kreditkarte gezahlt.	I paid with a credit card.

Ich bin mit der U-Bahn gefahren.	I took the subway.
Später habe ich den Geldbeutel nicht mehr gehabt.	Later, I didn't have the wallet.
Der Reisepass war in der Tasche.	The passport was in the pocket.
Ich weiß nicht, wo ich die Dokumente verloren habe.	I don't know where I lost the documents.
Vielleicht liegen meine Dokumente zu Hause.	Maybe my documents are at home.

2. Eine verlorene Sache – A lost property

Ich habe meine Reisetasche verloren.	I lost my travel bag.
Wo und wann?	Where and when?
Heute im Zug.	Today on the train.
Gestern im Bus.	Yesterday on the bus.
Der Zug ist gerade am Bahnsteig 3 angekommen, vor 15 Minuten.	The train just arrived at platform tree, fifteen minutes ago.
Wie sieht deine Tasche aus und was ist in der Tasche?	What does your bag look like, and what's in the bag?

Meine Tasche ist groß, aus Leder und teuer.	My bag is big, leather and expensive.
In der Tasche waren meine persönlichen Sachen und Dokumente.	In the bag were my personal things and documents.
Welcher Wert war in der Tasche?	What value was in the bag?
Ungefähr drei Hundert Euro.	About 300 euros.
Soll ich ein Formular ausfüllen?	Should I fill out a form?
Wo soll ich unterschreiben?	Where should I sign?
Hier ist meine Telefonnummer.	Here is my phone number.
Sie können mich anrufen.	You can call me.

MEINE EINFACHE SÄTZE – My Simple Sentences

58

59

	60

	64

	66

GERMAN READER

Available from April 2024

READING BOOKS

Level 1: Beginners A1 = Novice Low / Mid / High

Klara Wimmer: Der Seltsame Freund / The Strange Friend – Illustrated Short Story, *paperback, e-book*

Klara Wimmer: Jens und der Nachbar / Jens and the Neighbour – Short Story, *paperback, e-book*

Klara Wimmer: Mein wunderbares Lokal / My Wonderful Restaurant – Short Story, *paperback, e-book, audiobook or interactive e-book with audio*

Klara Wimmer: Eine Begegnung im Zug / An Encounter on the Train – Short Story, *paperback, e-book*

Level 2: Elementary A2 = Intermediate Low

Klara Wimmer: Annas Tagebuch / Anna´s Diary – Short Story, *paperback, e-book*

Level 4: Intermediate B2 = Advanced Low / Mid

Klara Wimmer: Mein Leben in Wien – 1. Teil / My Life in Vienna – Part 1 – Short Story, *paperback, e-book, audiobook or interactive e-book with audio*

Klara Wimmer: Mein Leben in Wien – 2. Teil / My Life in Vienna – Part 2 – Short Story, *paperback, e-book, audiobook*

Klara Wimmer: Mein Leben in Wien – 3. Teil / My Life in Vienna – Part 3 – Short Story, *paperback, e-book*

TEXTBOOK

<u>Level 1: Beginners A1 = Novice Low / Mid / High</u>

Klara Wimmer: German Simple Sentences 1 – Deutsch: Einfache Sätze 1, *paperback, e-book, audiobook or interactive e-book with audio*

Please visit us on

https://www.german-reader.com

www.ingramcontent.com/pod-product-compliance
Lightning Source LLC
LaVergne TN
LVHW041344200726
843509LV00009B/846